uu uu uu uu uu uu uu uu uu

uu uu uu uu

i uu i uu

i uu i uu

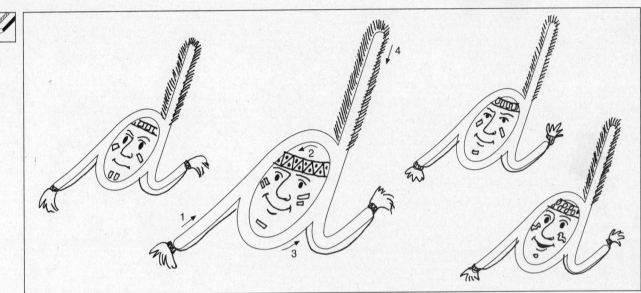

c c c c

d d d d

u u u u

du du du du

i i i i

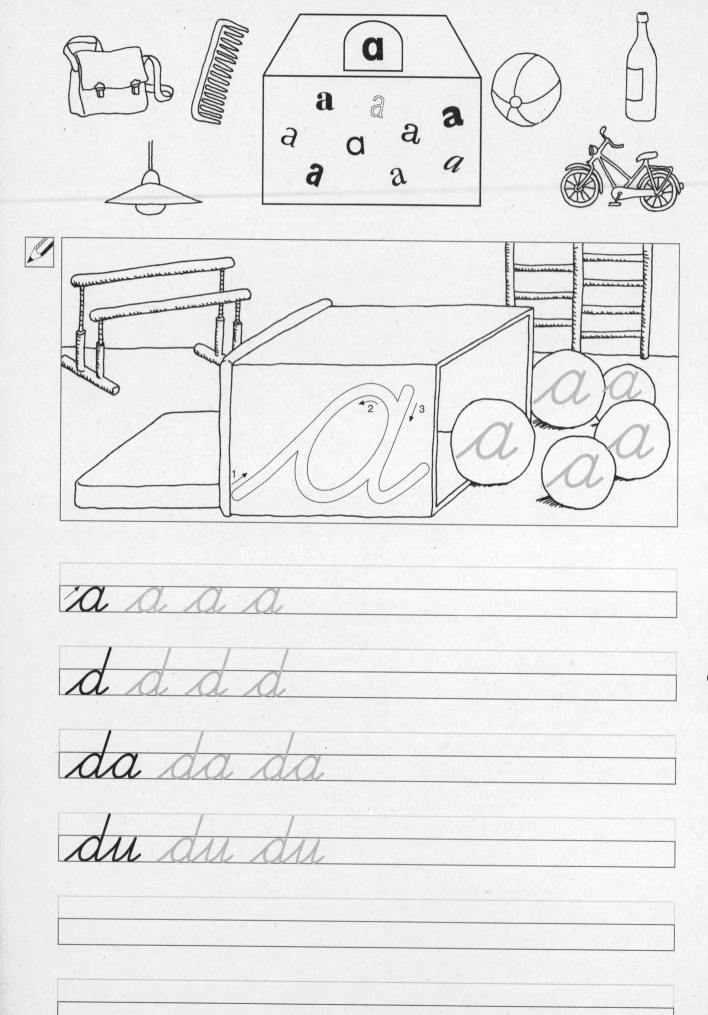

da, im, du, am, um

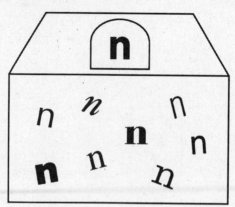
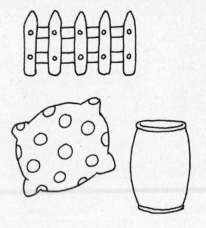

n n n n

in in

an an

dann dann

nun nun

an, in, und, nun, dann, dumm

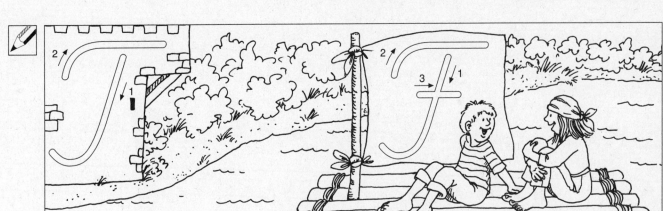

T

Tim

Tina

F

T F T F

  Tim, Timi, Tina

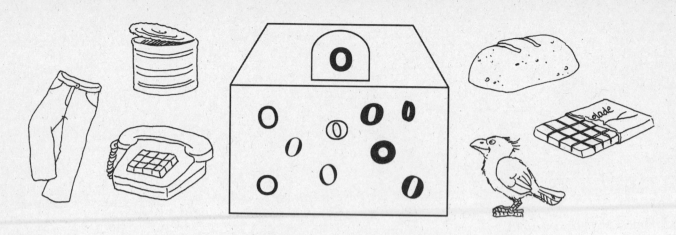

o o o o

Ton Ton

Toni Toni

Tom Tom

o a d o a d

Ton, Toni, Tom

Oma, Omi

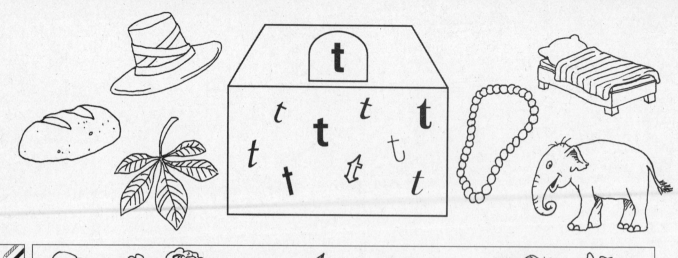

t t t t

mit mit

damit damit

Toto Toto

Foto Foto

mit, damit, tot, matt

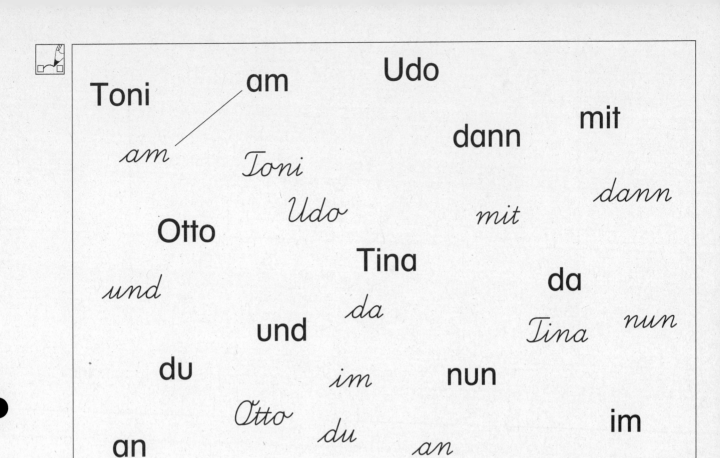

in	*und*
im	*du*
mit	*da*
an	*dann*
am	
um	*dumm*
nun	

e e e e e e

Tee Tee

Fee Fee

Tinte Tinte

Tante Tante

nett nett

dem, den, denn, Tee, Tante, Fee, nett,
Fett, Tinte, Faden

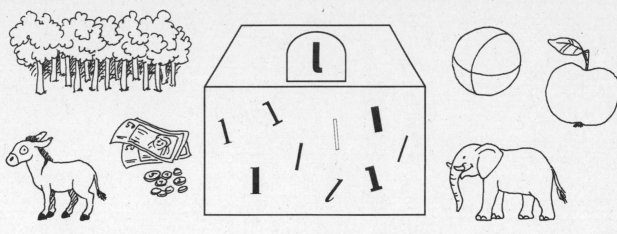

ℓ ℓ ℓ ℓ

alt alt

laden laden

toll toll

malen malen

malen, alt, Feld, Fell

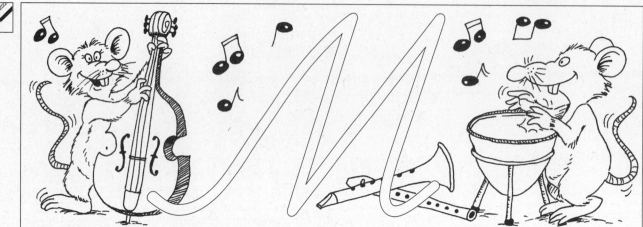

M M M M

Mitte Mitte

Mund Mund

Mann Mann

Mond Mond

Mann, Mund, Mond, Monat, Mutti, Motte, Mantel

N N N N

Nina Nina

Niete Niete

Nudel Nudel

Name Name

Not Not

Name, Not, Note, Niete, Nadel, Nudel

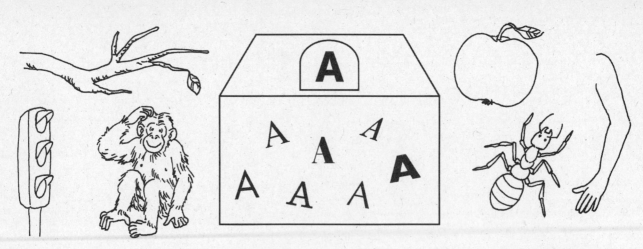

𝒜 𝒜 𝒜 𝒜 𝒜

𝐴 𝐴 𝐴 𝐴 𝐴

Anna Anna

Anton Anton

Adam Adam

Anna, Anton

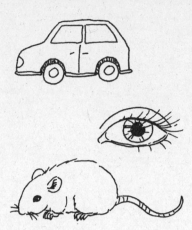  

Au Au

au au

Auto Auto

Maul Maul

Anna im Auto

Auto, Tau, Maul

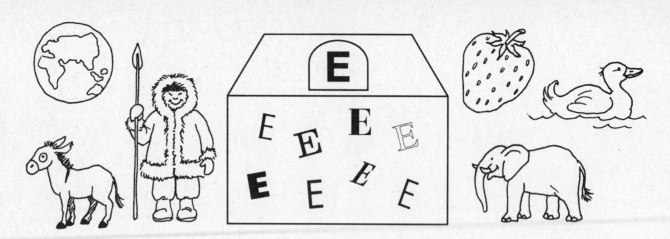

E E E E

Ende Ende

Ente Ente

Enten im

Ente, Ende

Ei Ei Ei Ei

ei ei ei ei

ein ein

nein nein

mein mein

dein dein

ein, eine, mein, meine, dein, teilen, deine, eilen, leiden

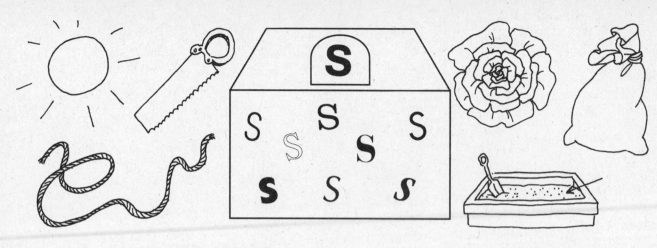

ℒ ℒ ℒ ℒ

ℒee ℒee

ℒeite ℒeite

ℒand ℒand

ℒonne ℒonne

ℒand, ℒonne, ℒee, ℒeite, ℒeide, ℒinn

L L L L

Lied Lied

Leine Leine

Lotto Lotto

Lamm Lamm

Lied, Leine, Latte, Lotto, Lineal, Laden

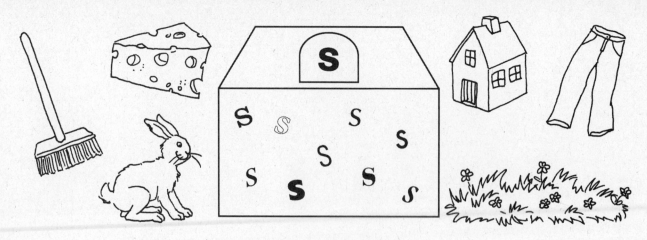

s s s s

so so

es es

essen essen

das das

ist ist

das, ist, so, sie, es, aus, essen, Nase, Maus, Eis, sind, los, Laus, Lust, Last, List

b b b b

blau blau

bin bin

bald bald

leben leben

loben loben

 blau, bauen, bald, leben, lieb, bunt, bleiben

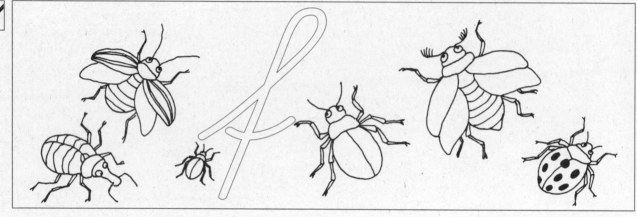

f f f

finden finden

fein fein

fallen fallen

Affe Affe

oft oft

fein, laufen, fallen, finden, oft, Saft

D D D D

Distel Distel

Duft Duft

Dame Dame

Damm Damm

Dose Dose

Dame, Dose, Delle, Daumen

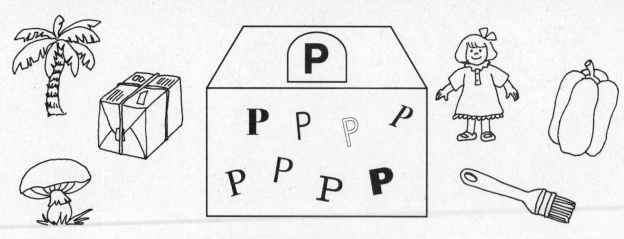

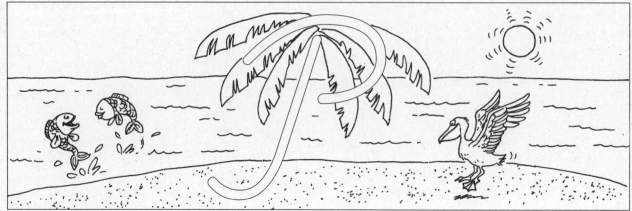

𝒫 𝒫 𝒫 𝒫

Pinsel Pinsel

Palme Palme

Post Post

Pfanne Pfanne

Pflaume Pflaume

Post, Pfanne, Pantoffel, Pinsel, Pflaume

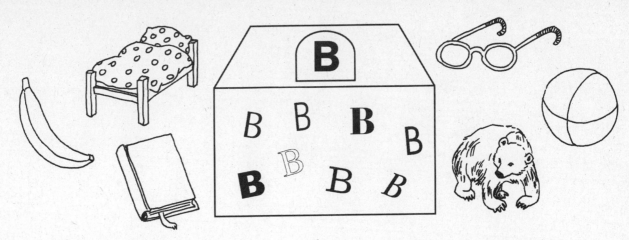

B B B B

Bild Bild

Bus Bus

Bett Bett

Ball Ball

Boot Boot

Ball, Baum, Bein, Bett, Bild, Blatt, Bad, Bote, Bude, Bande, Boden

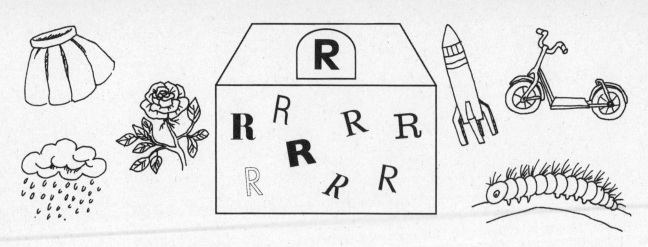

𝓡 𝓡 𝓡 𝓡

𝓡𝒾𝑒𝓈𝑒 𝓡𝒾𝑒𝓈𝑒

𝓡𝑒𝓈𝓉 𝓡𝑒𝓈𝓉

𝓡𝑒𝓃𝒶𝓉𝑒 𝓡𝑒𝓃𝒶𝓉𝑒

𝓡𝒶𝒹 𝓡𝒶𝒹

𝓡𝑜𝓁𝓁𝑒 𝓡𝑜𝓁𝓁𝑒

Rad, Rolle, Rand, Rose, Reise, Riese, Runde, Rede, Rudel

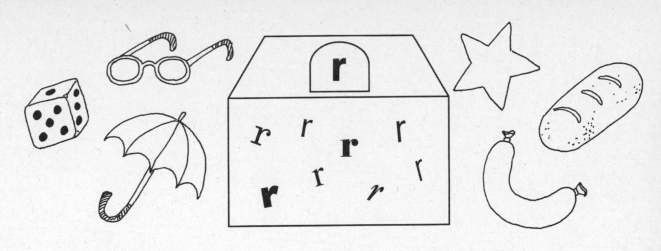

r r r r

mir mir

Arm Arm

rund rund

rot rot

rennen rennen

Arm, rot, rund, mir, rennen, Frau, Sommer, raten, braten, fort, Roller

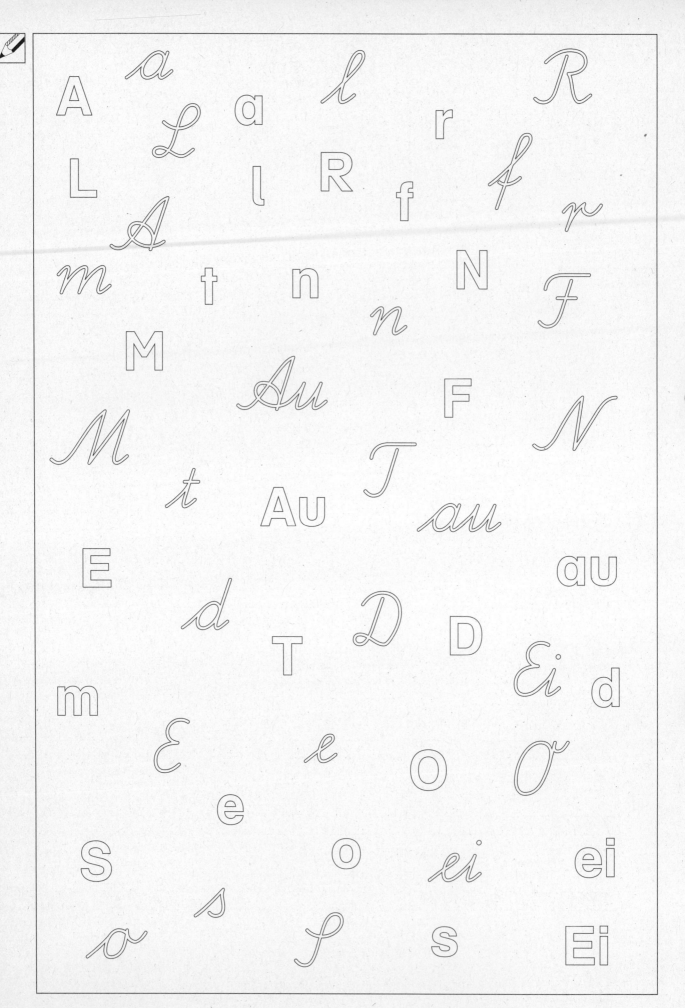

Schreibe alle zusammengehörenden Buchstaben
in der gleichen Farbe nach.

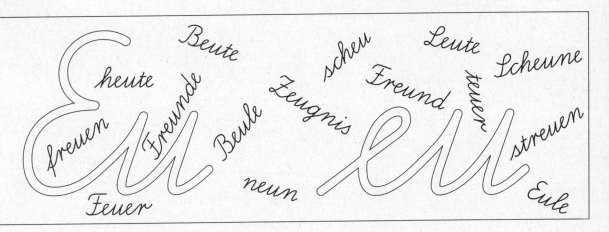

Eu Eu Eu Eu

Eule Eule

Euter Euter

eu eu eu eu

neu neu

Leute Leute

neu, freuen, Freund, Feuer, Freundin, Beutel

h h h h

hinten hinten

hundert hundert

helfen helfen

hat hat

holen holen

halten, holen, haben, fahren, helfen, hat, Ruhe, nehmen, Reihe, hinten, heraus, nah, heran

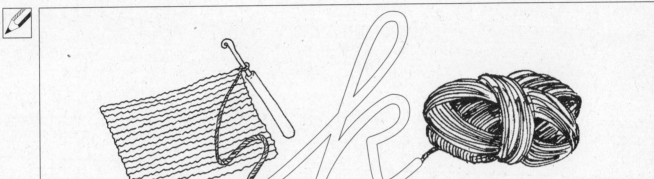

k k k k

kalt kalt

kommen kommen

kehren kehren

klettern klettern

krank krank

kommen, klein, kaufen, kalt, klettern, krank

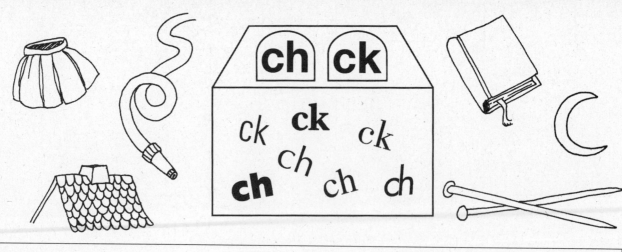

Nacht, dich, mich, packen, Lack, Eiche, Lack, meckern, hoch, blicken, backen, fauchen, auch, nicken, hacken

ch ch ch ch

nicht nicht

mich mich

ck ck ck ck

dick dick

backen backen

nicht, machen, kochen, Nacht, Loch, Lachen, backen, dick, locker, Lack, lecken

Sch Sch Sch Sch

Schule Schule

Schuh Schuh

sch sch sch sch

schlafen schlafen

schreiben schreiben

Schule, Schrank, Schokolade, Flasche, schlafen, schreiben, schnell, schon, Schild, Schalter

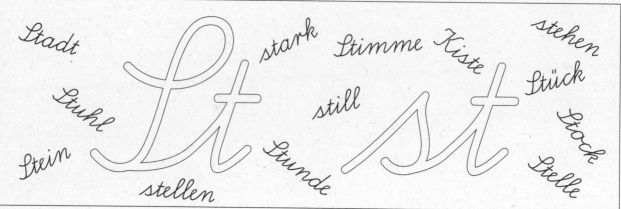

St St St St

Stunde Stunde

Stadt Stadt

st st st st

still still

stellen stellen

Stunde, Stock, Stuhl, stehen, stellen, still, stark, Stein, Borsten, Kiste, Kasten

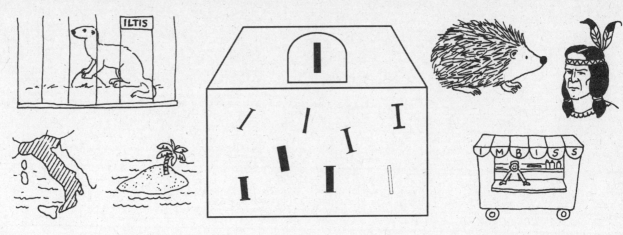

𝓘 𝓘 𝓘

Iltis Iltis

Italien Italien

Insel Insel

Idee Idee

Indianer Indianer

Idee, Indianer, Insel, Italien

Jahr, ja, jeder, Januar, Juni, Juli, Jutta, Jacke

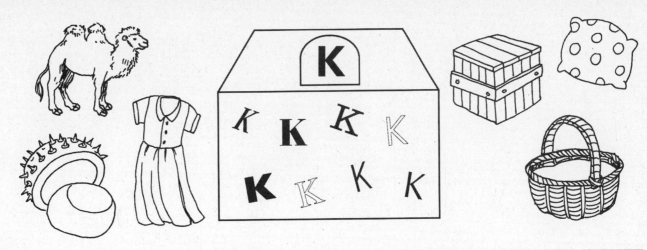

K K K

Kind Kind

Kleid Kleid

Kette Kette

Kamm Kamm

Korb Korb

 Kind, Kleid, Kuh, Korb, Kuchen, Koffer, Kino, Kreide, Krokodil, Klette, Kamel, Kirmes

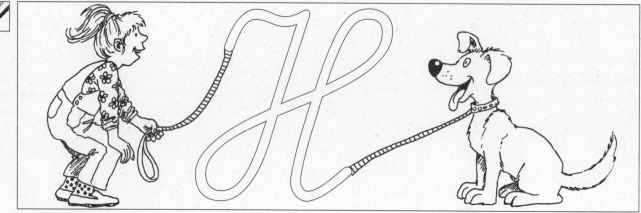

𝓗 𝓗 𝓗 𝓗

𝓗 𝓗 𝓗 𝓗

Hut Hut

Hilfe Hilfe

Hand Hand

Hose Hose

Hemd Hemd

Hund, Hut, Hand, Himmel, Herd

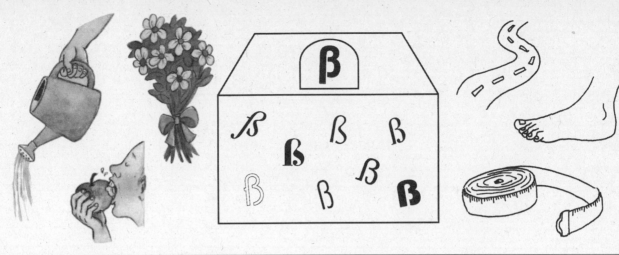

ß ß ß

Fuß Fuß

stoßen stoßen

Straße Straße

fließen fließen

heißen heißen

weiß, heiß, heißen, beißen, Fuß, schließen, reißen, Strauß

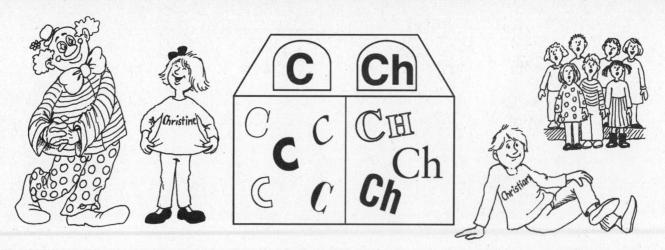

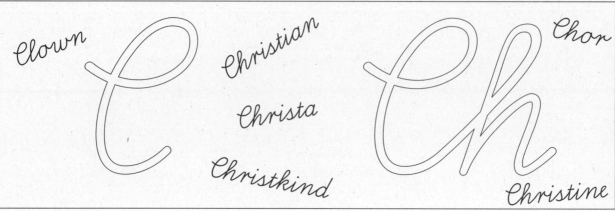

C C C C

Clown Clown

Ch Ch Ch Ch

Christian Christian

Christine Christine

Christkind Christkind

Clown, Chor

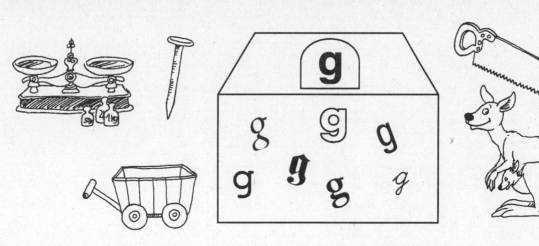

g g g g

gut gut

glatt glatt

sagen sagen

grün grün

groß groß

gut, gelb, grün, gehen, sagen, groß, geben, graben, legen, Regen, gestern, Legen, Kragen

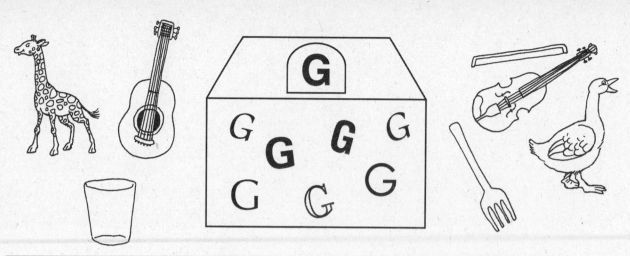

𝒢 𝒢 𝒢 𝒢

𝒢 𝒢 𝒢 𝒢

Giraffe Giraffe

Glas Glas

Garten Garten

Gras Gras

Gras, Glas, Gans, Geld, Gramm, Gabel, Gold, Geist, Geduld, Gitter

U U U U

Ute Ute

Uhu Uhu

Uhr Uhr

Udo Udo

Urkunde Urkunde

Uhr, Urkunde, Unterhemd, Umschlag, Uhu, Unterhose

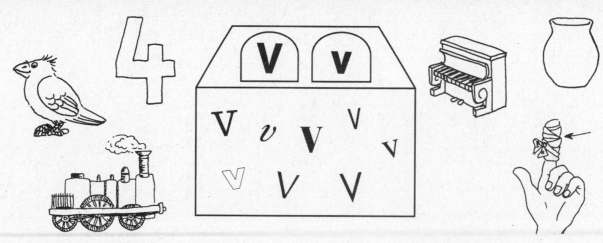

$\mathcal{V}$ $\mathcal{V}$ $\mathcal{V}$ $\mathcal{V}$ v v v v

$\mathcal{V}$ater $\mathcal{V}$ater

$\mathcal{V}$ogel $\mathcal{V}$ogel

$\mathcal{V}$etter $\mathcal{V}$etter

vier vier

vor vor

Vater, Vogel, viel, vier, voll, verstecken, von, Vetter, Versteck, Klavier, vorne

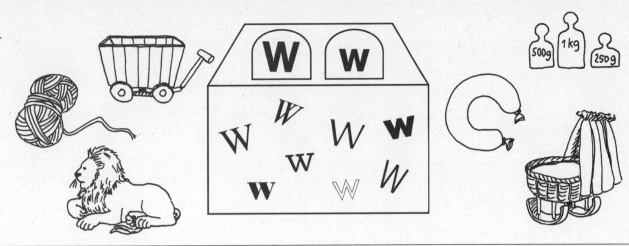

W W   w w

Wiese Wiese

Wurm Wurm

Wasser Wasser

wir wir

was was

Wasser, Wiese, wie, wo, weiß, Wald, Wagen, Weg, war, weinen, will, Welle, Wolle

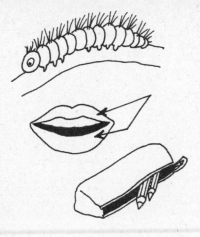
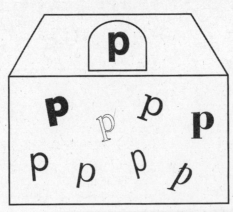

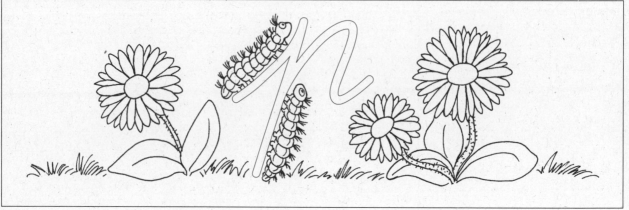

p p p p

Puppe Puppe

Opa Opa

Lampe Lampe

packen packen

pfeifen pfeifen

Apfel, Puppe, Dampf, Papa, Lappen, Raupe, Ampel, Pappe, Lippen, Tapete, Mappe

 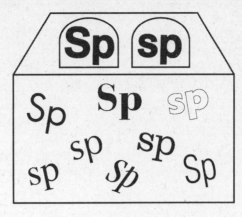 

spielen Spaten gespielt sprechen Spinne
Kasper *Sp* Gespenst *sp* Spinne
Spiel spät spannend springen Gespräch

Spiel Spiel

Spinne Spinne

Sport Sport

spielen spielen

Gespenst Gespenst

Kasper Kasper

spielen, Spiel, sprechen, sparen, Sport, sperren, spucken

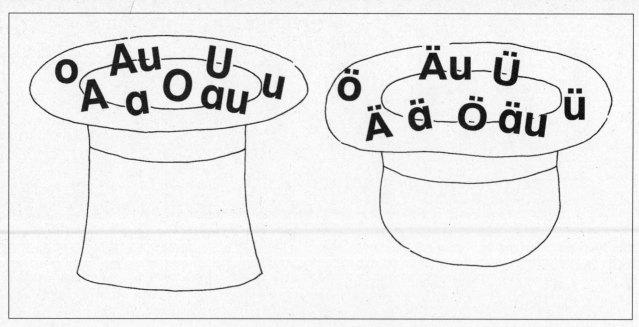

Apfel	A Ä	Äpfel
Kamm	a	K
Ofen		Ö
Floh		F
Uhr		Ührchen
Hut		H
Auge		Äugelchen
Maus		M

müde, Mädchen, hören, schön, spät, früh, Bäume

Z Z Z Z

Zirkus Zirkus

Zug Zug

Zettel Zettel

Zauberer Zauberer

Zoo Zoo

Zahn, Zeit, Zimmer, Zug, Zoo, Zahl, Zettel,
Zeitung, Zebra, Zirkus, Zange, Zaun

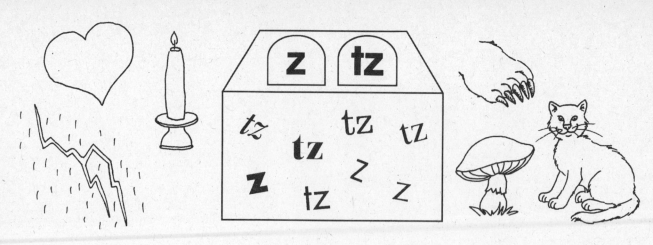

Kranz Ranzen putzen Hitze

Pilz *Z* Blitz *tz* Herz

sitzen Pilz kratzen spitz Schatz

z z z z

Herz Herz

Pilz Pilz

zu zu

spitz spitz

Katze Katze

zu, Katze, zeigen, zuerst, zwei, Holz, Herz, Mütze, putzen

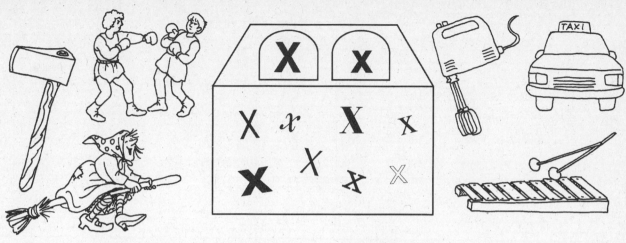

X X X X

Xanten ist eine Stadt.

x x x x

Hexe Hexe

Taxi Taxi

Hexe, boxen, Taxi, Mixer, Boxer, hexen,
mixen, Fax, faxen

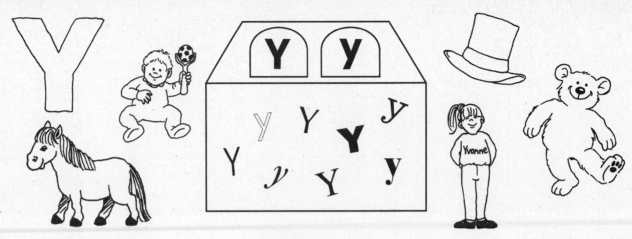

Y Y Y Y

Yvonne Yvonne

y y y y

Pony Pony

Teddy Teddy

Baby Baby

Zylinder Zylinder

Baby, Pony, Hobby, Teddy

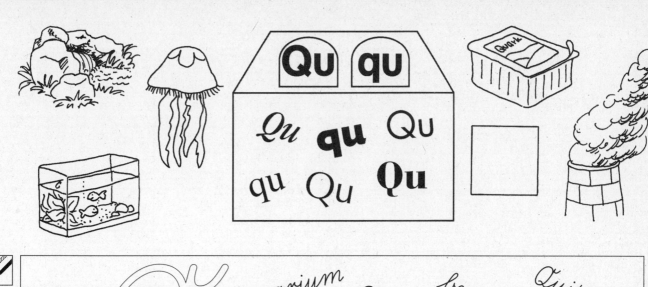

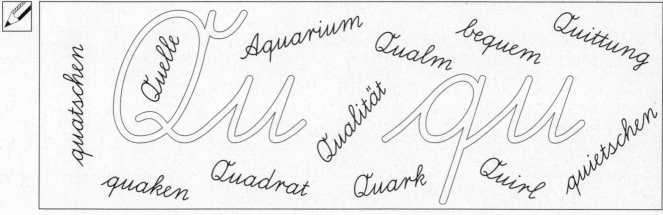

Qu Qu Qu Qu

Quatsch Quatsch

Quark Quark

qu qu qu qu

quaken quaken

quietschen quietschen

Quelle, quer, Quark, Quatsch, Qualm, quieken, quietschen, quaken

ABC-Wörter

Apfel	alle
Auto	aus
Ball	bauen
Clown	
Dose	du
Esel	essen
Eis	ein
Eule	euch

Finger	fahren
Garten	gehen
Hund	halten
Igel	ich
Jacke	ja
Katze	kommen
Luft	laufen
Mutter	machen
Nase	nicht
Ohr	oder
Puppe	putzen
Quark	quer
Regen	rufen

Sand	sagen
Schiff	schön
Spaß	spielen
Straße	stehen
Tisch	trinken
Uhr	und
Vater	viel
Wasser	weiß
X	x -
	boxen
Yvonne	y -
	Pony
Zug	zwei

① milatknbotrcliandarmelisfkngruhi
ndojartukopelstomistanrmokulpstroh
quarnofimsuppentarmumolvierwolme
faximuryvonsamtilzaun

✏️ Suche die Buchstaben in der Reihenfolge des Alphabets und schreibe es farbig nach!

② _llein, _allen, _olen, _ort, _r,
_ald, _etzt, _önnen, _eben,
_mmer, _alen, _uhig, _ernen,
_ehmen, _ben, _ammeln, _lötzlich,
_aken, _anzen, _nter, _erlieren,
_arten, _iehen

✏️ Setze die fehlenden Anfangsbuchstaben ein und schreibe die Wörter nach!

③ Ordne die Wörter aus Übung ② alphabetisch und schreibe sie in dein Heft!

Ein Streichholzkino

Ein

Besorge dir eine Streichholzschachtel.

Ich besorge

Schiebe die Schublade heraus.

Ich schiebe

Klebe auf den Boden der Schublade
ein selbst gemaltes Bildchen.

Beklebe die vier Seiten der Hülle mit Papier.

Bemale alle Seiten.

6d Eins, zwei, drei, vier, fünf, sechs, sieben,
wo ist denn der Hund geblieben?
Ist er etwa noch im Haus?
Holst du ihn, dann bist du raus.

Du kannst den Text abschreiben oder selbst einen anderen Abzählreim aufschreiben.

○ Die Kinder gehen in die Küche, um Kakao zu trinken. Bonni möchte mit. Doch, o je, der Stock passt nicht durch die Tür.

○ Onkel Georg kommt zu Besuch und bringt seinen Hund Bonni mit. Anne und Bernd sind glücklich. Sie werfen einen Stock. Bonni bringt ihn zurück.

○ Bonni ist ein schlauer Hund. Er versucht, rückwärts durch die Tür zu gehen. Aber der Stock will einfach nicht mit rein.

○

1. Nummeriere den Text ○.
2. Schreibe die Geschichte in der richtigen Reihenfolge in dein Heft.
3. Denke dir einen Schluss für die Geschichte aus.

A a	*Aa*		**N n**	*Nn*
B b	*Bb*		**O o**	*Oo*
C c	*Cc*		**P p**	*Pp*
D d	*Dd*		**Qu qu**	*Qu qu*
E e	*Ee*		**R r**	*Rr*
F f	*Ff*		**S s**	*Ss*
G g	*Gg*		**T t**	*Tt*
H h	*Hh*		**U u**	*Uu*
I i	*Ii*		**V v**	*Vv*
J j	*Jj*		**W w**	*Ww*
K k	*Kk*		**X x**	*Xx*
L l	*Ll*		**Y y**	*Yy*
M m	*Mm*		**Z z**	*Zz*

Träumereien

Was träumt der Spatz
bei Wind und Sturm?
Von einem fetten
Regenwurm.

Was träumt der Krebs
so dann und wann?
Dass er auch vorwärts
laufen kann.

Was träumt das Fischchen
auf dem Grund?
Von Seifenblasen
herrlich bunt.

Was träumt das Küchlein
in dem Ei?
Dass seine Schale
bricht entzwei.

Was träumt die Raupe
auf dem Stein?
Vom Falterflug im
Sonnenschein.

Text: Alfred Könner, Träumereien – aus: Die Stadt der Kinder, Georg Bitter Verlag 1969

Schreibe das Gedicht ab und schmücke es
oder
suche dir selbst ein Gedicht aus und schmücke es mit passenden Bildern.